# MTXE

## La Fórmula del Éxito

Por

Mark Wiggins

Autor, Conferenciante y Coach Motivacional

Fundador de la Fundación MTXE

Publicado por

MTXE Foundation, Inc

103 Suite B Prosperity Ave

Leesburg, VA 20175

Copyright Mark W. Wiggins 2006

Todos los derechos reservados. Ninguna parte de este libro puede ser reproducida en cualquier manera, incluso la inclusión de citas para artículos, sin permiso por escrito del autor o el editor.

2ª Edición 2012

ISBN 978-0-9854711-3-2

Impreso en los Estados Unidos de América

Editado por

Micaiah D. Wiggins

Tieast Leverett

Opulence Partners

Tieast@opulence.com

Maria Fernandez

# Índice

Agradecimientos…………………………….5

No hay Camino Fácil………………………..6

The Spot…………………………………….9

Puesta a punto para volver a empezar……15

La Colina………………....……………….21

M……………………………………….…30

T (¿Quién es el malo?)……...…………..…35

X………………………..…………………43

E……………………………………….…..49

¡Todo esto va sobre MÍ!……………….…55

Pedacitos de sabiduría………...…………..59

## Agradecimientos

Este libro lo dedico a mis hijos Micaiah y Marcellus, a mi padre, que volvió a la casa del Señor el 23 de diciembre de 2004 y a mi amada madre. Sin su apoyo y amor, "Mark Wiggins" sería un hombre cualquiera.

Lo dedico a todos mis maestros anteriores, a todos mis coaches, que me dieron su tiempo su talento y su amor y ayudaron a fundar los cimientos de este hombre.

Agradezco especialmente al coach Sacrano, por haberme introducido en MTXE y haberme enseñado cómo aplicarlo a cada ámbito de la vida.

Por encima de todo, doy gracias a Dios por permitir que estas, y otras muchas personas más entraran en mi vida y tuvieran un efecto tan positivo en ella, gracias a ellos, ahora quiero dedicarme a ayudar a cambiar otras vidas.

*"Porque yo sé los planes que tengo para vosotros," dijo el Señor, "Planes de bienestar y no de calamidad, para daros un futuro y una esperanza."*

*Jeremías 29:11*

## No Hay Camino Fácil

*Si buscas el fácil camino*

*al éxito, pierdes el tiempo.*

*Porque alcanzar un objetivo significativo*

*en la vida, es como subir montañas.*

*Si buscas el camino del vago,*

*Solo una cosa verás venir:*

*Que el éxito no llega*

*Sin rutinas diarias cumplir.*

*Si buscaras la fácil riqueza*

*Por ahí afuera no la encontrarías*

*Dentro de ti mismo obtendrás energía*

*Para ganar tu pan de cada día.*

*El camino a la grandeza no se puede pisar*

*Sin un poco de carga a la espalda;*

*Duro y bien tendrás que trabajar*

*No hay camino fácil.*

*Anónimo*

Este libro explica con detalle la fórmula MTXE, y cómo aplicarla en tu vida para ayudarte a alcanzar tus metas.

Rezo para que te dé coraje para salir de tu zona de confort y para que te retes a ti mismo para ser lo mejor que puedes ser. Es la única forma en la que entenderás cómo

## *Mente Tenaz con eXtremo Esfuerzo*

## MTXE

## *Es*

## *La Fórmula del Éxito*

# Capítulo 1

## The Spot

Había un lugar justo al cruzar mi calle que se llamaba *"The Spot"*. *The Spot* no era más que un vertedero en una cuneta donde la gente aparcaba para pasar el rato. En cualquier momento, podías predecir quién estaba en *The Spot* y qué estaba haciendo: fumando hierba, escuchando música a todo volumen, bebiendo cerveza o simplemente, dejando pasar el tiempo.

Pasaba muchas tardes de viernes en mi casa mirando por mi ventana, tratando de ser parte de lo que pasaba allí. La música a todo volumen y la charla podía continuar durante horas... pero al final, los problemas siempre llegaban. Mi padre y otros vecinos llamaban a la policía y la policía aparecía y limpiaba la esquina. Todo el mundo se iba de allí corriendo, pero en unas horas... todos ellos ya estaban de vuelta.

Por desgracia para mí, mi padre y el resto de vecinos no entendían las reglas de aquel lugar. Yo tenía que ver en el colegio, el patio o el barrio a los que estaban allí. Ellos se acordaban de lo que había pasado la noche anterior, y pagaban sus frustraciones conmigo. Lo más duro eran las faltas que sufría en los partidos de baloncesto y las malvadas miradas por los pasillos.

Un día, por fin, tuve mi oportunidad en *The Spot*. Mis padres estaban fuera de la ciudad y los sujetos habituales estaban reunidos en la esquina. Calmé mis nervios, salí de casa, crucé el jardín delantero y me planté frente a ellos. La Historia de mi vida que se escribiría ese día era increíble: Mark Wiggins iba a pasar el tiempo en *The Spot*.

Según cruzaba la calle, les dije el típico "¿Qué pasa?" y me quedé allí plantado durante unos minutos. Me di cuenta de que me miraban como si estuviera loco. ¿Qué pasó después? Los miembros oficiales del "consejo directivo" de *The Spot* tuvieron una reunión de emergencia para discutir la entrada de un nuevo miembro… yo. Decidieron recurrir al código no escrito de *The Spot*. Este código decía algo muy simple: si no perteneces al lugar, no estás autorizado a estar allí.

Finalmente, un tío me preguntó: "Chico, ¿por qué quieres estar aquí con nosotros?

Antes de que me diera tiempo a contestarle, siguió diciendo "Tu padre te matará, y a nosotros, si se entera de que has estado aquí".

Respondí: "No se enterará. Sólo quiero pasar el rato con vosotros y ser moderno".

Uno de los tíos me dio una cerveza y me dijo "Mark, ¿por qué no te llevas tu culo flacucho de vuelta al otro lado de la calle? Sabes que no perteneces a este lugar".

Mi corazón se hundió. Metí mi rabo entre las piernas y me metí en casa, cerrando bien la puerta tras de mí.

Unos años más tarde, me di cuenta de que tenían razón. Yo no pertenecía a *The Spot*.

Yo no podía apreciarlo entonces, pero ellos sí. Irónicamente, los chicos que me dijeron que yo no pertenecía a aquel lugar fueron las personas que se sentaron en la esquina durante mis partidos de baloncesto de secundaria y me animaron. Ellos animaban a mi equipo, a nuestro barrio, y a mí. Aún puedo oírlos cantar, "¡*Wig-gins, Wig-gins, Wig-gins!*"

Vieron algo en mí que yo no podía ver.

Ellos no sabían cómo decirlo, pero lo dejaron claro con sus acciones. Tuve una gran oportunidad al salir del barrio y tener éxito. Mirando atrás, les agradezco lo que hicieron. Simplemente dijeron, con sus propias palabras, *"tienes una oportunidad de hacer algo mejor para ti mismo."*

Han pasado décadas desde aquel episodio, pero esa imagen es tan clara para mí hoy como cuando sucedió. Cuando voy a casa, todavía miro por la ventana y veo un montón de basura que marca el lugar, un lugar donde muchas vidas fueron tiradas a la basura.

*"La vida es un viaje…*

*no un destino.*

*Disfruta el viaje…"*

# Capítulo

## 2

**Puesta a punto para volver a empezar**

Había una vez un joven que en el instituto jugó al baloncesto y funcionó en la pista. Un mes antes de su graduación acababa de firmar una carta para jugar al baloncesto en la Universidad de Alabama. Además, el joven acababa de cumplir 18 años y el baile de final de curso estaba a la vuelta de la esquina.

Este joven estaba en una carrera de atletismo regional tratando de calificarse para ir al campeonato estatal en tres categorías: salto de altura, salto de longitud y triple salto.

Durante el día, la lluvia había comenzado a caer, y ciertas competiciones se retrasaron hasta que el clima mejorara. Mientras el joven esperaba sentado en el autobús a que la lluvia parase, empezó a sentir que realmente no tenía necesidad de competir en salto de longitud o salto de altura, y estuvo pensando durante mucho rato hasta que la competición se reanudó. Pero cuando llegó el momento del salto de longitud, puso esos pensamientos a un lado y se acercó a la pista para realizar su primer salto.

Marcó sus pasos, se detuvo, y empezó a correr. En sus dos primeras aproximaciones al listón, sus pasos se pasaban de la marca. Trató de ajustar un par de veces, pero en su primer salto, su pie pasó por encima del borde de la placa y cometió falta. Lo mismo pasó la segunda vez, por lo que sus dos primeros saltos no fueron contados.

Regresó al bus y se sentó, frustrado.

Su amigo y compañero de equipo le dijo que no debía saltar el último intento, que se olvidara y que se debía centrar en el triple salto.

Pero el joven era un competidor y estaba decidido a hacer válido el último salto.

Llamaron al joven para el tercer y último salto. Se puso en la marca, comenzó a correr y sintió que algo no iba bien. Según se acercaba al listón por última vez, quería darlo todo y hacer su mejor marca. Sin embargo, se aproximaba e iba haciendo lo que los entrenadores siempre le decían que no hiciera – dar pasos sin decisión ni ritmo – y, finalmente, llegó a la placa del límite. En ese instante, justo cuando la alcanzaba, pensó…

Está mojada.

No debería haber saltado.

Acababa de firmar para jugar al baloncesto en la universidad, el baile era en un par de semanas, y también la graduación.

Y entonces… ese "clic" – su tobillo resbalaba y su zapatillas de clavos tocaron el tablero.

Su pierna se fue para un lado y su cuerpo para el contrario.

Pudo sentir el chasquido de la pierna mientras giraba en el aire antes de aterrizar en la arena.

Como seguramente has adivinado, ese joven era yo.

Cuando estaba allí, mirando hacia el cielo con lágrimas de dolor corriendo por mi rostro, sabía que mi futuro se quedaba en el aire y mi beca en peligro. Al baile y la graduación tendría que ir con muletas.

¿Cómo iba a recuperarme de esta situación?

Después de la cirugía, me pasé todo mi verano en rehabilitación. La meta de ese verano era únicamente ser capaz de caminar por mi cuenta antes de irme a la universidad en agosto.

Empecé a centrarme en ese objetivo único sin distracciones.

En agosto, no sólo estaba listo para ir a la universidad y caminar por el campus, también estaba empezando a jugar al baloncesto de nuevo.

*"Solo fracasas cuando no lo intentas"*

# Capítulo

# 3

## La colina

Si habláis con cualquier atleta, os dirán que la parte más difícil del deporte es el acondicionamiento. Que tu cuerpo esté listo para la acción durante temporadas largas, lleva tiempo y es doloroso.

En la universidad, teníamos un segundo entrenador, que era un fanático del *fitness*. Su propósito principal era conseguir que el equipo tuviera la mejor forma posible, y conseguirlo por medio de cualquier vía necesaria.

Un caluroso día de agosto, en Huntsville, Alabama, donde se encuentra la Universidad de Alabama, nos estábamos preparando para correr por un lugar lugar al que llamábamos cariñosamente "la Colina".

La Colina tenía aproximadamente un cuarto de milla en un lado, y un cuarto de milla por el otro. El objetivo era cruzar la línea en la parte superior en menos de dos minutos.

Un día, el equipo no sentía la necesidad de estar en forma. Corrimos alrededor de una milla hacia la colina y el entrenador corrió a la parte superior, mientras nosotros tomábamos nuestras posiciones en la parte inferior. Lo que ocurrió después, cambió para siempre mi vida.

El entrenador dejó caer su mano y empezó a mirar su reloj. Empezamos bien, y parecía que íbamos a terminar la primera "colina". Cuando nos acercamos a la línea todos comenzamos a aflojar y caminamos hasta ella. Estábamos dentro del tiempo. Inmediatamente lo celebramos. Choca esos cinco, arriba, abajo… todo eran felicitaciones.

"¡No es suficiente!", "!Una vez más!", gritó el entrenador, parando en seco nuestra fiesta. Bajamos corriendo por el otro lado y tomamos nuestras posiciones. Dejó caer la mano, el reloj comenzó a contar el tiempo y otra vez empezamos a correr. Queríamos una venganza contra el entrenador, y gritamos cuando nos acercamos a la línea de meta. Nos relajamos y otra vez cruzamos la línea en tiempo.

"¡No es suficiente!", "!Una vez más!".

Cualquier día normal, corríamos entre cinco y diez veces colina arriba y abajo. Sin embargo, este día fue diferente. Corrimos, corrimos y corrimos y, de nuevo, una, otra y otra vez.

Alrededor de la 12 vez que repetíamos aquello, empezamos a experimentar lo que se llama comúnmente una crisis. Los compañeros de equipo comenzaron a hablar mal los unos de los otros, de las madres de los demás, etc. Al final, después de que quejarnos del entrenador, algo sucedió... y empezamos a correr juntos como un equipo.

Corrimos de nuevo a la parte inferior de la colina y de nuevo tomamos nuestras posiciones. Esta vez sería diferente. Habíamos vuelto a centrarnos y comprendido la tarea que teníamos que cumplir.

El entrenador dejó caer la mano, y salimos corriendo. Cuando nos acercamos a la línea de meta, esta vez no paramos – pasamos la línea, dimos un paso más y le dimos ese esfuerzo extra. Completamos la colina, miramos al entrenador y esperamos su llamada. No todos hicimos la colina dentro del límite de tiempo. Sin embargo, no nos detuvimos hasta que cruzamos la línea. El entrenador dijo: *"Buen trabajo. ¡Vamos a casa!"*. Volvimos corriendo al campus y el entrenador nos llamó a un corrillo.

Él nos dijo: *"En tiempos como estos, hay que cavar profundamente dentro de uno mismo. Debéis pensar en todos vuestros esfuerzos del pasado y en vuestro deseo de ser el mejor y nunca rendiros, no importa lo difícil que sea la situación. Hay que tener claro dentro de uno mismo, que podemos alcanzar nuestras metas."*

El punto de nuestro entrenador fue que, a principios de la tarde, habíamos optado por no darlo todo, nuestro mayor esfuerzo. Aunque sabíamos cómo dar un eXtremo Esfuerzo, nos faltaba consistencia. El entrenador nos dijo: *"He tenido que enseñaros cómo es la Mente fuerTe. Necesitaba enseñaros que, que si pones tu mente en ello, se puede lograr cualquier meta que hayas establecido. Podéis ganar siempre. Podéis tener éxito si cada vez siempre utilizáis esta fórmula".*

Esperábamos con ansia lo que fuera a decir después: "Caballeros, la fórmula para el éxito es **MTXE**."

Después de la revisión de lo que acabábamos de experimentar, era dolorosamente claro que el entrenador tenía razón. Si estás dispuesto a comprometerse mentalmente a una meta, tienen tenacidad y no cesará su empeño, hasta dar tu eXtremo Esfuerzo para asegurar que logras tu objetivo... puedes lograr cualquier cosa.

*"Los objetivos y los sueños no hacen la vida fácil.
La hacen posible."*

# M

## Capítulo 4

## M

La "M" en MTXE significa *Mente*. Esta es la parte de la fórmula en la que se crean sus sueños.

Debes tener en Mente una meta o una visión quiere lograr algo en la vida. *Mental* te permite establecer el escenario para "TXE."

*Mental* permite soñar grandes sueños y crear un plan de acción para avanzar. Si puede concebirlo, puede lograrlo.

*Mental* es la base de toda la creatividad, el genio, y cualquier solución fuera-de-la-caja que manejes. Si esta parte de la fórmula no se desarrolla correctamente, afectará al resto de la fórmula y puede causar un desequilibrio, que sólo hace que tus metas se conviertan en "una ilusión".

De forma similar, un pensamiento erróneo, o el "pensamiento apestoso" (también conocido como la negatividad) también dañar tus planes y esfuerzos y ser un cortocircuito para alcanzar tus sueños.

Toma muy en serio esta parte de la fórmula. Deja que tu mente vaya libre y establece metas altas. No te desanimes por los "negadores", porque no tienen el mejor interés en el corazón.

*"Las almas fuertes tienen fuerza de voluntad,*

*las débiles, solo deseos"*

# T

## Chapter 5

### T ¿Quién es malo?

Cuando yo era pequeño, había una familia fuerte que vivía enfrente de mí, la familia Matthews.

En ella estaban Alvin, Jeffery, y Wayne Matthews.

Nadie se metía con ellos.

Si tenías que pelear con uno, peleabas contra todos. Eran tan duros que cuando se enfrentaron entre sí, nadie les interrumpía porque quien lo intentaba se convertía en la próxima víctima.

Durante nuestros años de escuela intermedia, los niños de nuestro barrio se trasladaban en autobuses hacia el lado oeste de la ciudad, o como lo llamamos, el lado negro de la ciudad. Cada día era una aventura. Los Matthews no tenían problemas para adaptarse. Después de las primeras tres o cuatro peleas, dejaron claro que eran los más duros y se quedaron solos, ganando el respeto de incluso los niños más duros del lado oeste de la ciudad.

Un día en clase, alguien trató de meterse conmigo. Le conté a Alvin lo que había pasado. Alvin me dijo: "Dile a tío que yo te he dicho que te deje en paz, o tendrá que vérselas conmigo!" Y eso es exactamente lo que hice.

El matón dijo: "Yo no sabía que eras amigo de Alvin, es un tío muy duro. Lo siento."

No tuve más problemas con él. La reputación de Alvin fue todo lo que necesité.

La "T" en MTXE, representa la dureza, la Tenacidad. Este tipo de resistencia no se ocupa de lo fuerte que eres, o cómo de duro piensa la gente que eres, al igual que Alvin, sino más bien tu determinación para completar una tarea. No permitirse desviarse con cuestiones ajenas a las metas que estableció durante la sección Mental de la fórmula.

La tenacidad supone pensar: *"Voy a hacer todo lo necesario para llegar a mi destino"*. Para algunos puede significar decirle a sus amigos que no puede pasar el rato con ellos porque tiene un proyecto que entregar y si no lo entrega, no podrá ir a la universidad o que no puede ir porque si llega tarde al trabajo al día siguiente, podría perder el trabajo. En pocas palabras, este tipo de resistencia significa tu capacidad de concentrarte y bloquear todas las distracciones para hacer lo que hay que hacer.

Otro ejemplo de este tipo de concentración sería un jugador de baloncesto disparando tiros libres. La próxima vez que veas en una universidad un partido de baloncesto profesional, presta atención a los jugadores cuando llegan a la línea de tiros libres. Los aficionados contrarios están gritando y gritando, agitando sus manos, tratando de distraer al jugador al hacer el tiro. ¡Hablemos de concentración! Sería muy fácil perder de vista lo que hay que hacer, y en su lugar poner atención sobre el ruido y los fans. Sin embargo, si el jugador es mentalmente duro, le verás tranquilamente de pie allí, tirar - y hacer - el disparo, algo que es difícil de hacer en una situación de presión.

Si le preguntas a los jugadores si oyen el ruido de la multitud, te dirán: "No durante el tiro". Ellos bloquean todas las distracciones y enfocan su energía mental en apuntar y hacer el tiro, y nada más.

Alvin pudo haber sido lo suficientemente fuerte como para vencer a todo el vecindario, pero su forma de dureza no le ayudará a lograr sus metas.

Tenacidad y resistencia, incluso en la misma cara del fracaso, con la combinación adecuada de Mental crean la base para la fórmula del éxito. Damas y caballeros, este tipo de resistencia que tenéis que aprender para que esta fórmula os funcione.

*"Sueña a lo grande y permanence dispuesto a resistir y a hacer ese sueño realidad."*

*"Si vas a buscar la excelencia en*

*las* ***grandes*** *cosas,*

**Crea tus hábitos con los pequeños asuntos."**

# X

X

## Capítulo

## 6

## X

Hubo una vez una idea promovida por una red de televisión muy importante, bien conocida por convertir eventos deportivos secundarios en espectáculos de masas. Aunque no eran muy conocidos en ese momento, estos deportes tuvieron un enorme seguimiento y crearon sus propios iconos. Muchas personas no entendían este tipo de deportes, pero era evidente que la idea que les promovió iba a ser grande. Sin embargo, los ejecutivos de la cadena de televisión no estaban seguros de cómo llamarlos, se decidió que el nombre podría ser el reflejo de generación, la Generación X. Así, en 1995 nacieron los X Games.

La gente se maravilló ante la duración de esos momentos en los que estos atletas iban a mostrar sus habilidades. Pasaron de tiros individuales, al "Superman" de 360 grados en motocicleta. Irónicamente, el símbolo

"X" era el mejor símbolo para describir lo que hicieron, porque en las fórmulas matemáticas, "X" representa a lo desconocido y puede ser definido con una fórmula que elijamos.

La "X" en MTXE significa eXtremo. En la "ecuación" MTXE, eXtremo se define como hacer lo insólito para lograr resultados extraordinarios. Al igual que estos *eXtremos* atletas que crearon inauditas acrobacias y luego salieron y las llevaron a cabo.

La primera vez que empecé a utilizar la fórmula MTXE, era incorrecto deletrear en inglés "XTREME" sin la "E". "EXtremo" solo se utilizaba para describir temperaturas o cosas más allá de la comprensión. Después, con la explosión y el éxito de los X Games, "eXtremo" se convirtió en un nuevo adjetivo. Con el fin de que la "X" funcione contigo, debe pensar como esos atletas.

Concibieron un movimiento o truco y sin tener en cuenta los riesgos o las posibilidades improbables, trabajaron duro, lo intentaron, fallaron, volvieron a probar y a fallar y luego probaron más, y cuando alcanzaron el éxito, es porque nunca se rindieron al perseguir su sueño.

Son la expresión de la tenacidad que se necesita para volver a levantarse una y otra vez, de hacer algo que no se ha hecho antes.

¿El resultado final?

Ellos se diferenciaron de la competencia. Lo puede funcionar para tí con esta fórmula, debes pensar en tus metas, no importa lo extraño o eXtremo que puedan parecer ser y luego, disponerte a cumplir tu objetivo.

Tal vez la razón por la que no has alcanzado tus metas aún es que no estás dispuesto a redefinir su X y hacer lo que se necesites para llegar al siguiente nivel. Pero si te animas a salir de la caja, aprenderás más, y dejarás atrás el equipaje o amigos que te están reteniendo.

Si le coges a la primera persona que encuentres que sepa hacer 360 o 980 con un monopatín, y le preguntas cuántas veces se cayó antes de conseguir el truco, lo más que probable es que te digan que no saben... simplemente lo hicieron hasta lo consiguieron.

¿Eres suficientemente eXtremo como para que no te importe lo que la gente piense DE TI cuando HAGAS cosas que la gente solo PIENSA hacer algún día? TÚ estás empujando tus límites para ver hasta qué punto llegas con tu sueño. TÚ no aceptas el fracaso, y ves cada revés como una herramienta para ayudarte a ir aún más lejos la próxima vez.

Abrazar el factor "X" hará que salgas de tu zona de comodidad, al igual que aquellos atletas. ¡Tienes que probar métodos eXtremos en situaciones eXtremas para mejorar tus posibilidades de éxito! Tener el coraje de comprometerse con las metas que has fijado, mientras mantienes un alto nivel de tenacidad y no te darás por vencido, te permitirá incorporar la M, la T, y la X y te llevará un paso más cerca del éxito.

*"Los sueños determinan lo que deseas.*

*El esfuerzo determina lo que consigues."*

E

## Capítulo

## 7

**E**

Mientras que entrenaba a un equipo de baloncesto de una escuela privada en Virginia, fui también entrenador de instituto y en una escuela intermedia. Era una pequeña escuela y allí el talento era más bien superficial, por decir algo.

Sin embargo, había un joven en el equipo que tenía muchos problemas físicos, eso nunca le detuvo. Tenía diabetes de tipo 2 y asma entre otras cosas. Su madre, su padre o su abuelo tenían que estar en cada entrenamiento y en cada partido para controlar su nivel de azúcar en sangre para asegurarse de que estaba bien. Aunque este joven no era el más rápido, el más fuerte o incluso el mejor jugador del equipo, formó parte de mi equipo cada año por su determinación, su corazón, y sobretodo por su esfuerzo.

Se presentó todos los días a los entrenamientos, terminó cada ejercicio; y no pedía parar nunca para no ser acusado de favoritismo. A menudo tenía que decirle que "dimitiera" porque iba a seguir hasta el agotamiento. Este joven simboliza lo que el E significa en MTXE.

La "E" significa Esfuerzo. El esfuerzo es la fuerza motriz para el resto de la fórmula. Sin ningún esfuerzo, esta fórmula no estaría equilibrada. Al igual que en la mayoría de las fórmulas, tiene que haber un equilibrio delicado de los ingredientes para obtener los resultados deseados.

Me solían llamar el "Hombre Galleta" porque fui dueño de una tienda de galletas. Aprendí de primera mano lo que puede suceder cuando no se siguen las recetas tal y como se crearon. No se necesita mucho para transformar una dulcea galleta de azúcar en una masa llena de algo parecido a galleta, pero sin sabor. Lo mismo se aplica a esta fórmula. El esfuerzo es lo que se necesita para que te funcione.

Vamos a echar un vistazo a la fórmula y ver cómo el Esfuerzo juega un papel importante en su éxito global.

La M significa Mental, es la fase de establecimiento de objetivos de lo que lo que quieres lograr. Se necesita esfuerzo para mantener la concentración suficiente para bloquear todo el ruido de la vida para soñar y para trazar tu plan. A menudo, las personas nunca llegan más allá de esta fase porque no limpian el desorden de su mente para lograr entender lo que quieren lograr.

La T significa la dureza y tenacidad, o la voluntad de renunciar o distraerse hasta que logres tus aspiraciones. Esfuerzo en esta fase es la energía que se necesita para permanecer fiel a sus metas. Se necesita esfuerzo para ser duro, usted debe tener la intención de terminar sus tareas y alcanzar sus metas.

La X representa lo eXtremo, o hacer cosas inusuales para lograr resultados extraordinarios. Como dije antes, con el fin de alcanzar un Esfuerzo eXtremo, tienes que estar dispuesto al esfuerzo de probar cosas nuevas, estar dispuesto a hacer una y otra vez lo mismo y de presionar al máximo con el fin de alcanzar nuevas cotas de éxito personal.

Esfuerzo, como dicen nuestros mayores, es la "grasa del codo" que termina la ecuación. Una voluntad fuerte y continua producirá grandes resultados. Así como el viento, la lluvia, y un río tallaron el Gran Cañón durante miles de años con un esfuerzo sostenido, tú también debes hacer ese mismo tipo de esfuerzo persistente para alcanzar tus metas.

Sin esfuerzo, todo lo que tienes es un sueño agradable con algunos intentos poco entusiastas de ser logrado. Con esfuerzo, todos tus intentos tendrán importancia. Su Mente, su Tenacidad y su eXtremo, trabajarán juntos para permitirte alcanzar el éxito.

*"¡Uno no puede buscar la excelencia sin hacer esfuerzos internos!"*

"Uno no puede ignorar la
existencia si quiere estar en
su centro."

## Capítulo

## 8

## ¡Todo esto va sobre MÍ!

Léelo de nuevo. "¡Todo esto va sobre mí!"

Contrariamente a la creencia popular y a lo que nos cuentan en casa, todo es acerca de ti. Piensa en alguien que sabes que es egoísta. Piensa en de las características que tiene esa persona para ser llamado egoísta. Una persona egoísta se preocupa por sí mismo primero, segundo, y último. Nunca entran en situaciones que no les beneficien, y nunca se asocian con quienes no los apoyan o interfieren con su plan general para conseguir lo que quieren.

Por lo tanto, echemos un vistazo a estos rasgos y veámoslos dentro de un marco positivo.

Cuando establezcas tus metas, no tienes que distraerte con nada, ni con nadie, que te impida alcanzarlas. Cuando tomes decisiones que afectarán a tu futuro, siempre tienes que tener en cuenta si estas opciones te ayudarán a alcanzar tu objetivo final, o si van a llevarte lejos de donde quieres estar.

Cuando se piensa asi, verás rápidamente que todo el mundo no tiene tu mejor interés en mente y que no todas las oportunidades son buenas para ti. No estoy diciendo que tengas que ser totalmente egoísta para conseguir lo que quieres en la vida, sin embargo, sí que es necesario tenerte en cuenta a ti mismo como primera opción en todo lo que haces con el fin de que funcione la fórmula MTXE.

Ahora tienes esta fórmula sencilla para el éxito.

Como la utilices, depende de ti.

Mi antiguo entrenador de secundaria me solía decir, *"Lo que eliges no hacer, alguien lo va a hacer, y cuando esa persona se enfrente a tí, te derrotará."*

Yo realmente no entendí aquello en la escuela secundaria. Sin embargo, cuando fui a la universidad, empecé a entender claramente que siempre había alguien trabajando por sus sueños, aportando ese eXtremo esfuerzo necesario para llegar a ser el mejor y llegar a su objetivo. Una vez que aprendí el significado de la fuerza mental con eXtremo Esfuerzo, supe que podría lograr cualquier meta.

Os animo a responder a la gran pregunta y soñar sueños grandes, nunca conformarse con menos, porque os merecéis lo mejor.

Bendiciones para ti y todo lo que emprendas, y mantén tu compromiso para salir del banquillo y formar parte del once inicial de la vida.

# *Pedacitos de Sabiduría*

## *D.I.G DEEP*

*(cava hondo)*

*D.—Decide qué quieres hacer*

*I. – Igniciona la llama de la determinación*

*G. –¡ConsíGuelo! Las excusas son herramientas de la incompetencia*

*"El único lugar donde el éxito va antes del trabajo es en el diccionario."*

*"En medio de la dificultad se oculta la oportunidad."*

*"El éxito no es un único y gran suceso sino que*

*está compuesto de muchos muy pequeños."*

*"El camino más firme, raramente es el más interesante."*

Síguenos en twitter: **@Speakerman87**

Speakerman87

Speakerman87

www.ingramcontent.com/pod-product-compliance
Lightning Source LLC
Chambersburg PA
CBHW070106100426
42743CB00012B/2665